Fantasia

Ein kleines Mädchen
Aus der Stadt namens Wirklichkeit

Joey Le Tourneau
Illustriert von Lisa Kindermann

Veröffentlicht von Seraph Creative im Jahr 2024; Weltweit gedruckt

SeraphCreative Heaven's Heart for Earth Seraph Creative ist ein Kollektiv bestehend aus Künstlern, Schriftstellern, Theologen und Illustratoren, deren Sehnsucht es ist, den Leib Christi zur vollen Reife heranwachsen zu sehen und in ihrem Erbe als Söhne Gottes auf Erden zu wandeln.

Melde dich für unseren Newsletter an, um über zukünftige aufregende Veröffentlichungen informiert zu werden.

Besuche unsere Website: www.seraphcreative.org

Ich werde dir jetzt eine Geschichte erzählen, die
du vielleicht nicht für wahr halten wirst. Das ist in
Ordnung, denn diese Geschichte wurde genau
für dich geschrieben. Nur sehr wenige
kennen sie und viele können nichts
damit anfangen. Viele sind
einfach zu erwachsen, um ihrer
Vorstellungskraft freien Lauf zu
lassen. Ich habe auch mal so gelebt
und mehr gezweifelt, als ich in Worte
fassen kann. Das war, bis meine Stadt erschüttert
wurde – was passiert ist? Lies selbst.

Ein kleines Dorf, fragst du? Nein, nein, keinesfalls.
Ich komme aus der Stadt namens Wirklichkeit,
die, wie du weißt, ein ziemlich großer Ort ist.
Allerdings waren wir, also die Stadt und ihre
Bewohner, nicht zu groß für den starken Geist
dieses kleinen Mädchens. Ihr Name war
Fantasia, mehr nicht.

Sie war ein merkwürdiges Mädchen, alles
an ihr war verwirrend. Wir zweifelten, sie
dagegen glaubte immer an all das, was sie tát.
Das an sich war schon bemerkenswert. Jeden
Tag erwachte sie mit ihrer überschwänglichen
Energie, und wenn nicht auf allen Seiten etwas
Zurückhaltung dagewesen wäre, hätte sie wohl
den Zorn der ganzen Stadt auf sich gezogen.

Hmmm, wie soll ich sie überhaupt beschreiben? Man könnte sagen, dass sie sich wie eine Prinzessin kleidete, aber all ihre Sachen stammten von einem großen chaotischen Haufen, ähnlich einer Altkleidersammlung. Dann war da natürlich das Superhelden-Ding, wo ich mich immer noch frage, wer sie mit so viel Bling-Bling aus dem Haus gelassen hat? Hier allerdings wird es knifflig, denn Fantasias bisheriges Leben war bereits ziemlich holprig gewesen. Weißt du, ihre Mutter und ihr Vater waren nirgends zu finden. Sie waren Hippies, die sie als Waise in der Stadt zurückgelassen hatten. Und als ob solche Ungerechtigkeit nicht genug wäre, gaben sie ihr auch noch diesen Namen, über den wir alle die Nase rümpften.

Wussten sie denn überhaupt, wie bedeutsam der schöne Name unserer Stadt war? Mit dem Namen Fantasia hatten ihre Eltern ihr das Leben nur unnötig erschwert.

Das kleine Mädchen
unserer Stadt wurde dadurch
allerdings kein bisschen entmutigt.
Sie sah ihren Namen als Berufung, als
ein Feuer, das darauf wartete, endlich
brennen zu dürfen. Wir waren die Leute,
die alles wussten und wussten wie alles
funktionierte, sie war das kleine Mädchen,
das nie Zweifel hatte. Während wir auf
ihren peinlichen Namen herabblickten,
war es für sie die Superkraft, die
letztendlich jeden verändern würde.
Sie flitzte herum und versuchte uns
in ihre Fantasiewelten mit hineinzuziehen,
wohin sie auch ging. Sie war jedes Mal voller
Hoffnung, dass sie uns Stück für Stück
dazu bringen könnte, einen Blick
über den Tellerrand zu werfen
und die Welt aus ihrer
Perspektive zu sehen.

Es gab diese eine Situation, die ich nicht selbst gesehen, aber
definitiv gehört habe. Fantasia sprang von einem Baum, wie
ein Vogel. Sie glaubte wirklich, sie könne fliegen und flog auch,
allerdings landete sie direkt auf dem mürrischen alten Sid. Beide
fielen auf den Boden, er hatte seinen Gehstock im Ohr und eine
Krone aus Blättern auf seinem Kopf.

Alles Gute zum Jahrestag

Ich werde nie die Jubiläumsfeier unserer Stadt vergessen; Fantasia baute eine Hütte, in der alle Urlaub machen könnten. Sie sammelte jeden Stock, jeden Ast und jeden Baumstamm ein und verwandelte den Park in eine stadteigene Urlaubslandschaft. Die Stadt war wütend. Sie musste also alles ganz alleine aufräumen und begann stattdessen ganz unbekümmert für jeden Holzspielzeug zu schnitzen, wie eine kleine Bergelfe.

Ich weiß nicht, was ihr
die Flausen mit den
Superheldenkräften in
den Kopf gesetzt hatte,
aber es ermüdete uns
alle sehr. Wenn wir sie
kommen sahen, duckten
wir uns lieber schnell
weg.

Sie tat auch nie die typischen Dinge, die ein echter Superheld tat, wie
fliegen oder kämpfen. Was ihre Kleidung betraf, kann ich mir nur schwer
etwas vorstellen, was noch unpassender hätte sein können. Wir rümpften
angewidert die Nase, doch das ließ ihren Glauben an ihre Kräfte nur
weiter anwachsen. Uns ließ sie dabei weit unter sich zurück.

Wann würde die kleine Fantasia erkennen, dass dieses Superhelden-Ding nur eine alberne Verkleidung und ihre Fantasie war? Dann kam eine Zeit, wo wir dachten, diesen ganzen Quatsch endlich beenden zu können. Nämlich als unsere Stadt Wirklichkeit sich quälte und dunkel, kalt und mit Staub bedeckt wurde. Alle waren niedergeschlagen, viele waren traurig, keiner hatte mehr eine Arbeit, und es wurde ziemlich beunruhigend.

Pleite und Hoffnunglos

Arbeitslos

Wirklichkeit war düster wie nie zuvor. Dann war da noch Fantasia mit ihrer eingebildeten Superkraft im Schlepptau, bereit, an jede Tür zu klopfen: „Und was nun?" Wir dachten, was braucht es denn noch? Sie rennt immer noch herum und benimmt sich wie ein einziger großer Fehler. Wann wird sie es endlich kapieren? Sie hat nichts, außer diesen fürchterlichen Namen, ein Fluch für unser Land! "Das war's!", sagten wir. „Morgen ist der Tag! Es wird Zeit, dass Fantasia endlich lernt, wie die Dinge in Wirklichkeit ablaufen."

Tatsächlich wachten die Stadtältesten am nächsten Morgen früh und beschwingt auf. Ich müsste es ja wissen, denn mein Vater war derjenige unter ihnen, der sie alle sehr streng anführte. Die Stadt war in Trauer und versuchte nur zu überleben. Wenn sie nicht endlich etwas taten, würde Fantasia unsere Stadt Wirklichkeit zu ihrem Spielball machen. „Wirklichkeit ist kein Witz", erklärten sie Fantasia sehr bestimmt. „Du musst mit deinem kleinen Zirkus aufhören, es wäre selbst dann zu viel, wenn es nur einmal im Jahr wäre."

Fantasia warf ihnen ihren
Superkraftblick zu, und als
sie nicht reagierten, stampfte
sie einfach davon.

„Warum verstehen sie mich nicht?", hörte ich eine Stimme in der Gasse. Ich war ihr gefolgt und fragte mich, wie sie sich wohl selbst wieder ermutigen würde. Aber als ich ankam, muss ich zugeben, dass ich überrascht war. Ich beobachtete und hörte zu und erkannte, dass sie anfing, die Lügen aller zu glauben. Auch ich verstand sie nicht und war nicht mit ihrem Leben einverstanden, war aber der Ansicht, dass eine solche Freude von niemandem zerstören werden sollte. Auch nicht von der harten Stadt Wirklichkeit und ihrer beschränkten Sicht.

Bürgermeister regiert
Karomuster ist der Hit

„Es ist in Ordnung, ich glaube!", sagte ich mit einem Schrei. „Du bist vielleicht kein Superheld, aber dein unerschütterlicher Glaube an das Gute hat meinen inneren Kampf besiegt. Jeder in dieser Stadt ist traurig oder deprimiert, und du bist die Einzige, die nie die Stirn runzelt. Du hast mich dazu gebracht zu glauben und ich entschuldige mich für meinen Vater. Er ist ein guter Mann, aber er ist auch der Meinung, dass jeder in dieser Stadt ordentliches Karomuster tragen sollte."

Ihr Leuchten kehrte zurück, dann schenkte sie mir ein Lächeln. „Danke, mein Freund, dass du mir geholfen hast, meinen Glauben zu bewahren. Ich verstehe einfach nicht, woran Wirklichkeit so eisern festhält, denn tief in meinem Herzen weiß ich, dass es noch so viel mehr gibt als das, was die Stadt als wahr ansieht!" Ich muss zugeben, sie war auf jeden Fall überzeugend. Jedes Wort, das sie sprach, und jedes Lächeln von ihr, war in keinster Weise künstlich oder gezwungen.

Fantasia war einfach echt, das wusste ich jetzt. Gleichzeitig verstand ich, dass ich einer der wenigen war, die das wussten. Fantasia war eine Schutzbefohlene der Stadt, doch die Bewohner der Stadt waren nicht allzu glücklich damit. Kannst du dir denn vorstellen, dass jemand mit so viel Glauben und Zuversicht ein Kind aus Wirklichkeit sein kann? In dem Moment ging mir ein Licht auf; ich ging zu Fantasia und wusste genau, was sie zu tun hatte.

Sie hatte wirklich ihre eigene Superkraft, auch wenn diese nicht in ihrem Blick, ihrer Energie oder ihrer eigenen Fantasiekraft lag, die unsere Stadt so sauer gemacht hatte. Ich musste jetzt aufpassen, dass ich nicht an ihrer Seite gesehen wurde, sie war immerhin Staatsfeind Nr. 1. Ich musste also auf der Hut sein. Ich aber hatte aus erster Hand gesehen, was sie alles tun konnte. Sie brachte mich sogar dazu zu glauben, dass Fantasia wahr war. Gerade jetzt, in dieser dunklen Stunde könnte sie bestimmt ein Licht in unserer Stadt entzünden. Sie war genau das, was wir die ganze Zeit gebraucht haben. Jemand, der sich nicht anpasste oder zustimmte, sondern mit einem Leuchten antwortete!

„Ich habe nächste Woche Geburtstag und ich würde mich freuen, wenn du kommst. Aber bitte, was auch immer du tust, bring all dein Lachen, deine Freude und deinen Spaß mit." Sie sah mich mit diesem neugierigen Funkeln in den Augen an: „Aber wirst du nicht in Schwierigkeiten geraten? Meine Antwort auf deine Freundlichkeit soll nicht die ganze Stadt wütend und sauer machen." „Es ist in Ordnung, da bin ich mir eigentlich ziemlich sicher. Ich habe es selbst gesehen und weiß jetzt, dass diese Stadt deinen Glauben braucht, um lebendig zu werden. Trage deinen Namen also mit noch mehr Stolz und sei einfach du selbst, verrückter Glaube in Hülle und Fülle! Ich kümmere mich um den Rest, du zeigst dich einfach so frei und ganz so, wie du bist."

Irgendwie vielleicht

Als
der große
Tag kam, hatte
ich alles vorbereitet,
damit Fantasia in unserer
einst schönen Stadt ihren Kopf
durchsetzen konnte. Sie hatte es
oft versucht und war oft gescheitert,
aber das war die Sache mit Fantasia; ihr Glaube und ihre Zuversicht
konnten nicht aus der Bahn gewor-
fen werden. Unsere Stadt brauchte
einen neuen Wind, der Dinge in
Bewegung brachte. Vielleicht
keinen Superhelden, aber
einen erfrischenden
Wind, dessen Glaube
sich als wahr er-
weisen würde.

Der aktuelle Zustand der Stadt Wirklichkeit hing über meinem Geburtstag, wie eine Wolkendecke voller Traurigkeit, wo ich mir doch stattdessen Wetter für eine Parade gewünscht hätte. Jeder in der Stadt schlich gebeugt unter dieser Decke umher und machte meine Feier einfach trostlos und lahm. Wir standen alle herum und haben mit unserer Trübsal und Hoffnungslosigkeit die Leichtigkeit der Party verdrängt.

Als Fantasia hereinplatzte, wusste ich nicht, was mich erwarten würde. Aber hier kam sie mit einer Federboa um den Hals, mit Glitzer über ihren Augen und einem „S" auf der Brust. Sie stürzte herein, und verschüttete roten Punsch auf der karierten Weste von „du weißt schon wem". Oh nein, dachte ich, was habe ich getan!
„Fantasia, geh jetzt lieber, du solltest besser verschwinden!"

Doch sie stellte sich auf den Kuchentisch und stampfte mitten durch den Kuchen hindurch, um etwas deutlich zu machen. „Ich habe all euer Jammern so lange ausgehalten", erklärte Fantasia, „aber jetzt ist es an der Zeit, dass eure düstere Wirklichkeit verblasst. Ich verstehe, dass ihr mit dem Zustand der Stadt gerade unzufrieden seid und nur auf das seht, was schlecht läuft. Aber seht ihr denn nicht, was richtig und gut ist? Könnt ihr es nicht erwarten, endlich ein neues Lied zu singen?"

Sie schaute wieder zu meinem Vater und fuhr fort, bevor ich sie aufhalten konnte. „Bei allem Respekt, Sir, sehen Sie, was alles in Ihrem lieben Sohn steckt? Er ist voller Güte, die Art, die eine verlorene Arbeit nicht wegnehmen kann. Sein Herz ist groß und voller Liebe, genug, um jede Traurigkeit zu zerquetschen!"

„Sehr geehrter Bürgermeister", fuhr sie so ausdrucksvoll fort. „Du solltest diesen Punsch häufiger tragen, er ist leuchtend wie eine Kirsche! Unsere Stadt könnte mehr davon gebrauchen anstatt all diesem Schwarzweiß. Was ist mit Farben, die neues Leben einhauchen. Du magst für Wirk-lich-keit verantwortlich sein, aber diese Stadt könnte das Drehbuch umschreiben und wirklich hübsch dastehen!"

„Hallo, alter mürrischer Sid, ich sehe, dass du dieses Stirnrunzeln trägst, aber ich weiß, wo dein Lächeln versteckt ist. Ich kann es finden, ich glaube an dich. Nichts ist so schlimm, wie daran zu zweifeln, was alles möglich sein könnte. Ich bin heute hierher gekommen, weil ich ein Geschenk habe. Es ist für euch, denn ich möchte, dass eure Freude lebendig wird. Ich weiß, sie scheint verschwunden zu sein, aber ich glaube, ihr werdet sie finden und ganz hin und weg sein."

Die Totenstille machte mir Angst, was sollte ich nur tun? Ich war schuld, meine Geburtstagsidee hat Fantasias gewagte Unternehmung verursacht. Sie starrte, stampfte und ermutigte jeden in der Stadt. Doch alle Bewohner standen in einer Reihe bereit, Fantasia rauszuwerfen und mich als nächstes zu bestrafen, weil ich sie eingeladen hatte. Aber kannst du dir vorstellen, was als nächstes passierte? Der graue alte Bürgermeister trat auf sie zu wie ein wild gewordenes Nashorn.

„Was sagst du da, Fräulein Fantasia? Du nennst deine Stadt Wirklichkeit unwirklich und mich unfähig?

Glaubst du wirklich, dass das, was du sagst, wahr ist, dass ich in dieser Farbe besser aussehe als in Schwarz oder Blau? Glaubst du wirklich, dass Sid sein Lächeln wiederfinden kann? Ich habe es seit Jahren, selbst aus der Ferne, nicht mehr gesehen!"

Sid trat an das wilde Nashorn heran und machte ein ernstes und hartes Gesicht. Fantasia stellte sich mitten in den Kuchen und sah meinem Vater dabei direkt in die Augen. Sie legte ihre Hand unter sein Kinn und kitzelte ihn, bis sie eine Reaktion bekam.

Er brach in Gelächter aus und fiel dabei in den Kuchen. Ein Lächeln wurde sichtbar, das sicherlich nicht aufgesetzt war.

Mein Vater kam mit seinem Arm um mich gelegt, auf Fantasia zu. „Ist es wahr, dass mein Junge einen geheimen Charme besitzt?"

Fantasia begann schnell zu antworten, doch der alte Sid unterbrach sie, indem er den Bürgermeister übermütig mit Kuchen bewarf. Mein Vater landete auf dem Rasen und war seitdem wie ausgewechselt. Er tauchte mit Freude und Glauben in seinem Innersten wieder auf.

Der Bürgermeister trat in meinen Kuchen, stand neben Fantasia und lachte unaufhörlich. Er sammelte sich, um eine Rede zu halten: „Heute ist der Tag, an dem wir den trüben Filter der Stadt Wirklichkeit entfernen! Von nun an wird nichts Negatives mehr als „wahr" bezeichnet. Ab heute glaube ich an die zuversichtlichen Reden und das ganze Wesen der kleinen Fantasia. Sie hat vielleicht keine wirklichen Superkräfte, aber sie hat mich dazu gebracht zu glauben und alle meine Zweifel haben sich verzogen.

Es war nicht ihr Blick, ihr Schwung oder ihr Hineinziehen in Fantasiewelten; Fantasia sah in uns nur das Beste. Sie glaubte an das Licht, das vor uns anderen verborgen geblieben war. Ich habe es satt, dass wir uns von den Beschränkungen von Wirklichkeit einengen lassen."

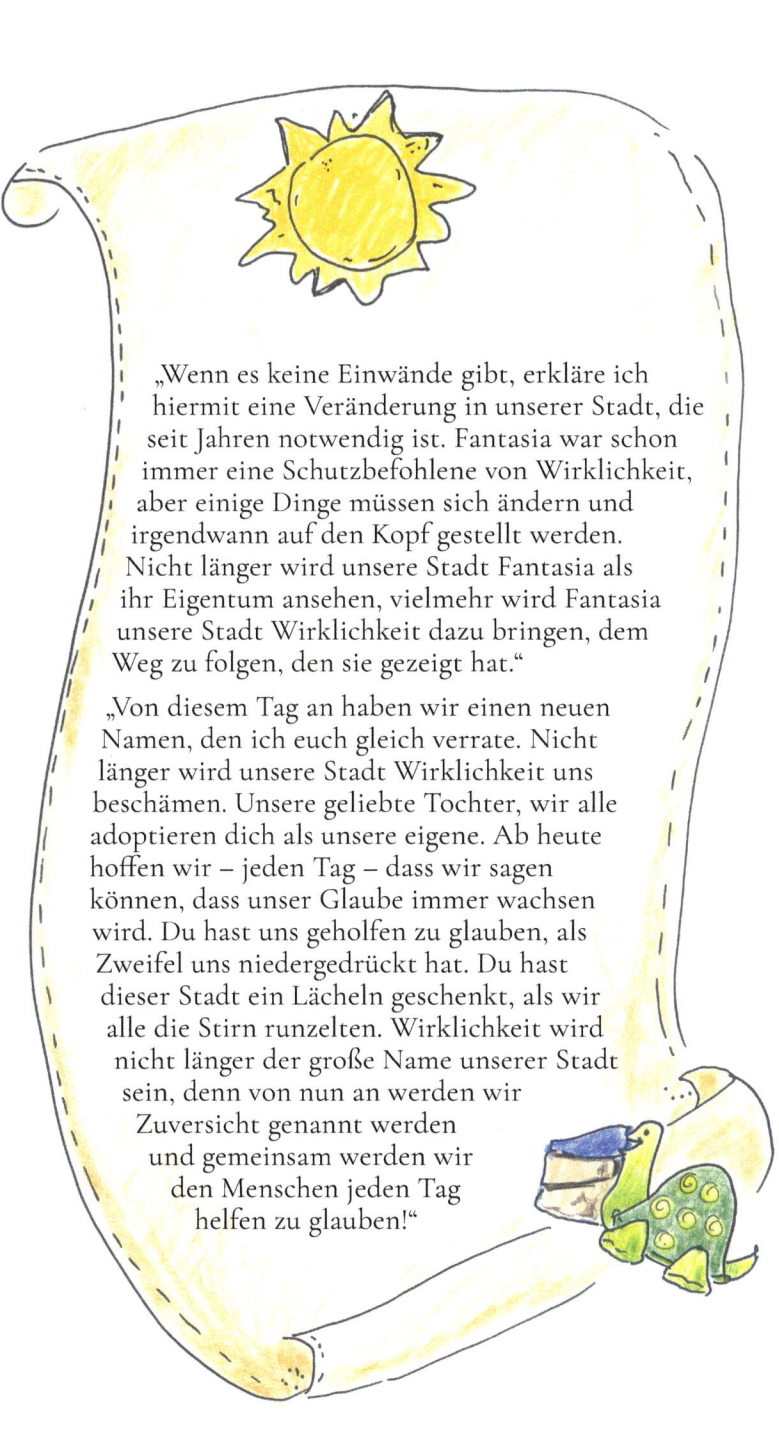

„Wenn es keine Einwände gibt, erkläre ich
hiermit eine Veränderung in unserer Stadt, die
seit Jahren notwendig ist. Fantasia war schon
immer eine Schutzbefohlene von Wirklichkeit,
aber einige Dinge müssen sich ändern und
irgendwann auf den Kopf gestellt werden.
Nicht länger wird unsere Stadt Fantasia als
ihr Eigentum ansehen, vielmehr wird Fantasia
unsere Stadt Wirklichkeit dazu bringen, dem
Weg zu folgen, den sie gezeigt hat."

„Von diesem Tag an haben wir einen neuen
Namen, den ich euch gleich verrate. Nicht
länger wird unsere Stadt Wirklichkeit uns
beschämen. Unsere geliebte Tochter, wir alle
adoptieren dich als unsere eigene. Ab heute
hoffen wir – jeden Tag – dass wir sagen
können, dass unser Glaube immer wachsen
wird. Du hast uns geholfen zu glauben, als
Zweifel uns niedergedrückt hat. Du hast
dieser Stadt ein Lächeln geschenkt, als wir
alle die Stirn runzelten. Wirklichkeit wird
nicht länger der große Name unserer Stadt
sein, denn von nun an werden wir
Zuversicht genannt werden
und gemeinsam werden wir
den Menschen jeden Tag
helfen zu glauben!"

Weitere Bücher und Projekte des Autors findest du unter:
LeTourneau Creative

https://letourneaucreative.com/

@LETOURNEAUCREATIVE

Über den Autor

 Joey und seine Frau Destiny sind seit 23 Jahren
verheiratet. Sie haben acht Kinder und zwei Enkelkinder.
Als Familie haben sie beide die ganze Welt bereist
und an unterschiedlichsten Orten gelebt und haben
Menschen befähigt, zu entdecken und auszuleben, wofür
sie geschaffen wurden. Joey hat elf Bücher und drei
Kinderbücher geschrieben. Als Familie schreiben und
erschaffen sie, um einer Generation Leben einzuhauchen,
damit diese in der Welt leuchten wird.

www.ingramcontent.com/pod-product-compliance
Lightning Source LLC
Chambersburg PA
CBHW040900120626
46551CB00001B/98